(346e) Vente des 4 et 5 Juin 1874

DESSINS ANCIENS

ET DE

L'ÉCOLE DU XVIIIe SIÈCLE

Boucher, Fragonard

GOUACHES PAR MALLET

ESTAMPES

Collection de M. E...

Me DELBERGUE-CORMONT
COMMISSAIRE-PRISEUR

M. VIGNÈRES
MARCHAND D'ESTAMPES

PARIS — JUIN 1874

PORTRAITS EN BISTRE

NOUVELLEMENT PUBLIÉS

Chez VIGNÈRES, marchand d'Estampes

Rue de la Monnaie, 21 (ancien 13)

AUBIGNÉ (Théodore-Agrippa d'), historien.
CHAROLAIS (Mlle L.-A. de Bourbon), en moine.
DILLON (Arthur), gouverneur en Amérique, député.
DROUET, maître de poste à Sainte-Menehould.
FRAGONARD (Honoré), peintre.
MAINE (L.-A. de Bourbon, duc du).
MOREAU (J.-M.) le jeune, graveur.
POLIGNAC (Mme la duchesse de).

CETTE COLLECTION

SE COMPOSE

de 100 Portraits

Avec la lettre,	papier blanc	1 »
—	papier de Chine	1 25
Avant la lettre,	papier blanc	2 »
—	papier de Chine	2 50

Ves RENOU, MAULDE et COCK, imprs de la Cie des Commissaires-Priseurs
rue de Rivoli, 144. 42882

(346•)

CATALOGUE

DESSINS ANCIENS

ET DE

L'ÉCOLE DU XVIIIe SIÈCLE

BOUCHER, Cochin, **FRAGONARD**
Greuze, Huet, Larue, Lebarbier, Moitte, Natoire
Nicole, Robert, Wille fils

GOUACHES, jolis intérieurs, par MALLET

ESTAMPES

ÉCOLE DU XVIIIe SIÈCLE ET AUTRES

Collection de M. E....

DONT LA VENTE AURA LIEU

HOTEL DES COMMISSAIRES-PRISEURS
RUE DROUOT, 5, SALLE N° 4
AU PREMIER ÉTAGE

Les Jeudi 4 et Vendredi 5 Juin 1874
A UNE HEURE PRÉCISE

M° **DELBERGUE-CORMONT**, Commissaire-Priseur,
rue de Provence, 8,
Assisté de **M. VIGNÈRES**, Marchand d'Estampes,
rue de la Monnaie, 21 (ancien 13), à l'entre-sol.
CHEZ LEQUEL SE DISTRIBUE LE CATALOGUE

PARIS — JUIN 1874

ORDRE DES VACATIONS

PREMIÈRE VACATION

Dessins........................... N°s 1 à 239

DEUXIÈME VACATION

Dessins........................... N°s 240 à 450
Estampes.......................... 451 à 476

Les Attributions de l'Amateur ont été conservés pour les **Dessins.**

CONDITIONS DE LA VENTE

Elle sera faite au comptant.

Les Acquéreurs paieront CINQ POUR CENT en sus du prix d'adjudication, applicables aux frais.

M. VIGNÈRES, dirigeant la Vente, se charge des Commissions.

NOTA. Toute commission, sans prix fixé ou sans limite déterminée, sera regardée comme nulle.

M. VIGNÈRES se charge de faire marquer les prix aux Catalogues des ventes qu'il a faites. Les personnes qui le désirent peuvent s'adresser à lui *franco.*

Plusieurs Amateurs éloignés en ont reconnu l'utilité pour les guider dans leurs achats sur les valeurs des Estampes.

Les Catalogues des Ventes à faire seront envoyés aux personnes qui en feront la demande *affranchie.*

AVIS. — Nous prions MM. les Amateurs éloignés de ne pas attendre au dernier jour, pour que les lettres arrivent le matin de la Vente : ils comprendront que quelques lettres peuvent se lire, mais de 20 à 50 lettres, c'est difficile.

M. VIGNÈRES se charge des commissions dans les ventes de Livres et Estampes autres que les siennes.

Choix de Catalogues avec prix marqués.

(346e)

CATALOGUE

DESSINS ANCIENS

ET DE

L'ÉCOLE DU XVIIIe SIÈCLE

1 **AGRICOLA.** Francolin, oiseau, belle aquarelle sur vélin, petit in-fol.

2 **ALBANE** (D'ap.). Toilette de Vénus et autre. 2 sujets grand in-fol., à la mine de plomb sur peau de vélin.

3 **ALBANO.** Vierge et Jésus, sanguine, rehaussée de blanc, sur papier bleu, ovale, grand in-4.

4 **ANONYME.** Deux Sirènes et deux Amours formant un fronton de portique, esquisse au bistre.

4 *bis* — Éducation de la Vierge, beau dessin in-4 à la plume lavé de pierre bleue.

5 — La Vision réelle. Jeune fille consultant un devin qui lui fait voir son amant dans une glace, à l'encre.

6 — Quand la misère entre, l'amour s'en va. Joli dessin bistre un peu relevé de couleur.

7 — Jeune fille grondée par sa mère chez le médecin aux urines, aquarelle.

8 — Médée prête à sacrifier ses enfants sur l'autel de la Folie, pierre d'Italie.

9 — Jeune femme en chemise courant se précipiter à la mer, mine de plomb.

10 — Bacchante et deux enfants, aquarelle.

11 — Enlèvement d'Europe, sanguine, Bacchante, Bacchanale, etc. 4 dessins.

12 — Guignol, Charlatan, Arrestation sous la République. 3 dessins, aquarelle, encre, crayon.

13 ARD. Intérieurs de cuisines rustiques. 2 dessins à l'encre de Chine, in-4.

14 BAGLIOLUS (Eques Joan). Rome 1624. Scènes de Martyrs, etc. 4 dessins, sanguine, petit in-fol.

15 BANDERLISSE (A.), *del.* Les Titans foudroyés, sanguine et lavis léger, petit in-fol.

16 BASSAN. Jésus couronné d'épines, lavis rehaussé de blanc, grand in-4.

17 BESNARD. Têtes d'études, Saint-Sébastien, Assomption de la Vierge et autre. 22 dessins grand in-fol., crayon noir, la plupart cartonnés.

18 — Têtes d'études et académies, 15 dessins, grand in-fol. à la sanguine, la plupart cartonnés.

19 BLACK (R. V.), d'après Roetaert. Ours combattant des chiens, grand dessin à l'encre de chine, sur deux feuilles jointes.

20 BLANCHARD. Femme tirant des flèches sur deux hommes qui se poignardent, pierre d'Italie, in-fol.

Laperlier 59. Decat 80

21 BLONDEL (G. F.). 1772. Fontaine antique. — Ruine pittoresque, 2 jolies sanguine, petit in-fol.

22 BOSSE (D'ap. A.). Costumes militaires à la plume, 8 p. in-4.

23 BOUCHARDON. La France voulant la paix, brûle les instruments de guerre et autres, médaillon. 3 dessins sanguine, in-4.

24 BOUCHER (F.). Femme drapée, étude in-fol., sanguine.

25 — 1775. Sainte Famille, rond, in-fol., sanguine.

26 — Adoration des bergers, très-beau dessin in-fol., sanguine, signée.

27 — Jésus guérissant un aveugle, beau dessin plume et bistre. Petit in-fol., en hauteur.

28 — Enlèvement d'Europe. — Trois amours sur des nuages. 2 charmants dessins à l'encre de Chine dans des ornements très-riches pour panneaux décoratifs, petit in-4, signés.

29 — Un grand Ange et trois petits Amours sur les nuages, à la pierre d'Italie. — Allégorie, le Temps et les Amours, sanguine, contre épreuve. 2 p., petit in-fol.

30 — 1763. Jeune fille, enfant et chien, crayon noir rehaussé de blanc, sur papier bleu, petit in-fol.

31 — L'Amour tenant une flèche, crayon noir rehaussé de blanc, sur papier bleu, petit in-fol.

32 BOUCHER. Deux Amours avec des oiseaux, crayon noir rehaussé de blanc, petit in-fol.

33 — Costumes de dames. 2 croquis sanguine, petit in-fol., signés.

34 — Pastorale, crayon noir et blanc, ovale, in-fol.

35 — Orgie de guerriers romains, croquis crayon noir et blanc, in-fol.

36 — Fabriques, Ferme. 2 jolis dessins, grand in-4, pierre d'Italie.

37 — Paysage rustique, avec chaumières, in-fol. pierre d'Italie.

38 — Moulin à eau, Paysages. 3 dessins au crayon.

39 — Bethsabée au bain, sanguine et blanc, in-fol., croquis.

40 — L'Amour offrant des cœurs, croquis crayon noir, in-fol.

41 — Vénus vue de dos, sanguine. — Jeune fille donnant du raisin, crayon noir et blanc. 2 dessins, petit in-fol.

42 — Fontaine avec enfant et jeune Triton, sanguine, in-4.

43 — Jeune fille à la cruche, pierre d'Italie, in-4.

44 — Têtes de jeunes filles et garçon 3 dessins in-4, crayon noir et blanc.

45 — Têtes de jeunes filles, garçon. etc. 5 p. in-4, d'après.

46 — Groupes d'Amours, crayons noir et couleur, 6 dessins d'après.

47 BOURDON (S.). Abraham recevant l'ange? crayons noir et rouge, in-fol.

48 BOURGEOIS (C.). Vues d'Italie à la plume, à la pierre d'Italie, bistre, etc. 48 p.

49 BRANDI. Christ au tombeau, composition de six figures, bistre et blanc, grand in-4.

50 BREUGHELS. Paysage maritime. — L'Ennemi semant l'ivraie. 2 aquarelles, petit in-fol.

51 BRILL, etc. Paysages, aquarelles, 3 p. in-4.

52 BULLY (De). 1796 jusqu'à 1823. Paysages, animaux au pâturage, etc. 21 aquarelles depuis in-4 jusqu'à grand in-fol., seront divisées.

53 C. S. Vierge et Jésus, plume et lavis, in-4.

54 CAILLAUD. Le maréchal Ney mort sur le brancard, une sœur prie à genoux, crayon noir et blanc, grand in-fol.

55 CALLOT. Capucin qui pêche à la ligne, au fond l'hermitage sur des rochers, a la plume, grand in-8.

56 — Costumes de la noblesse, petits métiers et autres. 12 dessins in-4, à la plume d'après.

57 CANGIASE. Vénus et l'Amour. — Hercule et le lion, 2 dessins, plume, lavis, petit in-fol.

58 CANUTTI, Jupiter, Vénus dans l'Olympe, partie de l'apothéose d'Hercule, bistre in-4.

59 CARRACHE (Annibal). Le Christ au tombeau. — Paysage avec la Sainte-Famille. 2 dessins, sanguine, in-4.

60 CARASSI (Antoine). 1802. Cabriolet de la plus grande richesse, monté sur grands ressorts, à quatre roues, dessin à l'encre de chine, ornements et figures d'une grande finesse.

61 CARBONNIER (Casimir). Saint Jean d'après Léonard de Vinci, in-4, mine de plomb, très-terminé.

62 — L'Éducation de l'Amour, d'après Corrége, mine de plomb très-terminée, in-4. — Le Christ au tombeau, au trait, 2 dessins.

63 — Tête de Sainte, d'ap. Corrége, avec le cadre dessiné, mine de plomb, très-terminé.

64 CHALLE (M.A.). Vue d'une ferme à Chènevière, crayon noir et blanc, in-fol.

65 CHANCOURTOIS. Vue à Tivoli et autres, plume et lavis, 4 dessins, petit in-fol.

66 CHATELET. Chasseurs dans un chariot trainé par des bœufs, soldats et autres figures, jolie aquarelle, petit in-fol.

67 CHAUBARD (L. A.). Têtes d'études au crayon, in-fol., 11 dessins.

68 — Académies de femmes, in-fol., crayon noir, 21 dessins faits à la lampe.

69 — Académies d'hommes, in-fol., crayon noir, 50 dessins faits à la lampe.

70 CHAUBARD. Antiquités. Ruines, 10 dessins à la plume et encre de chine.

71 CHERON (Elisabeth Sophie). Grosse Tête d'enfant, à la plume, petit in-fol.

72 CLERMONT. Bergers gardant leur troupeaux, 2 dessins ovales en travers, pierre d'Italie, petit in-fol.

73 CŒURÉ. Scènes de familles, villageoises, etc. 5 aquarelles, petit in-fol.

...C. 6.

Corigue

74 COCHIN. Minerve et la Justice soutenant un médaillon destiné à un portrait, sanguine, in-8, en travers.

75 — Allégorie : La Force conseille, La Justice donne une plume a un personnage assis, etc.. sanguine, in-4.

76 — La Pentecote d'après Le Brun, sanguine, petit in-fol.

77 COLIN DE VERMONT. Aman implorant sa grâce d'Esther, sanguine, petit in-fol.

78 COLSON 1787. Fabriques, ruines, beau dessin, plume et aquarelle.

79 CORNEILLE (Michel). Sainte famille d'ap. Raphael et autres, sujets religieux, etc., 9. sanguine et plume.

80 COURTOIS (G.), dit le Bourguignon, combat de cavalerie, 2 dessins in-4.

81 COYPEL (Ch.). Apollon, Portrait d'homme et autres, 5 dessins, crayon, in-4.

82 DEFRESNE. Narcisse? Statue, médaillon, grand in-4, sanguine.

83 DE LA FOSSE (J. Ch.). Façade d'arsenal, Escalier tournant a double voie et autres, 8 dessins a l'encre de chine et aquarelles, in-fol.

84 DELORGE. Chien gardant des fruits que des enfants veulent prendre, bistre, petit in-4.

85 DEMARNE, 1806. Chevaux, Bestiaux. 11 aquarelles.

86 DESEINE. Deveria et autres, très-petits sujets religieux, a la Sépia, 30 dessins.

87 DESFRICHES. Paysages, vues, 1773. Mine de plomb, 4 dessins in-8., dont 2 avec dédicace à M. de Trudaine, au revers, et signés.

88 DESRAIS. Le Diable emporte l'Amour. — Scène de théâtre, Henri VIII, — Napoléon Ier en manteau impérial, — la Veillée, intérieur villageois. 5 dessins in-4.

89 DESSIN CHINOIS. Écrivain prêt à écrire une déposition. Six figures, aquarelle, grand in-4.

90 DESSIN INDIEN. Idoles dans le temple. Cinq figures.

91 DIETRICH. Le petit pont de bois. Sanguine.

92 DUCHOT (D.). Anciens ponts. Bistre.

93 DUNKER (B.-A.), 1768. L'Amour désolé, scène de famille, composition de sept figures, lavis, in-4.

94 — Trois nymphes au bain, joli paysage à l'encre. — Allégorie sur les arts. Croquis, mine de plomb, 2 dessins in-4.

95 — Vue près de Basle, 1773. — Ruines de Schauenburg. 2 très-belles aquarelles, petit in-fol.

96 DUPLESSIS. Vue d'un Camp, bistre. — Laitière et son âne, à l'encre. — Costume de femme, crayon noir. 3 dessins.

97 DUVIVIER (Ignace). Chaumière, Ruines. 2 dessins, lavés de bistre.

98 — Cheval de trait, bateau, figures, au bistre, in-fol.

99 DYCK (Van). Christ en croix, croquis à la plume, in-4.

Maume 5 . 50

100 — Les Anges servant Jésus sur la montagne. Crayons de couleur, petit in-fol.

101 — Dalila livrant Samson, à l'encre de Chine, rehaussé de blanc. In-fol.

102 — (D'après). Portraits, plusieurs à la feuille. 13 dessins, crayon et encre de chine, et autres.

103 ECKARD. Paysages au crayon et une tête sanguine. 22 p.

104 ECOLE ANGLAISE. Tête de jeune fille, au bistre, autres crayon noir. Médaillons mine de plomb, chaumières et charrettes, aquarelle. 7 dessins.

105 ECOLE FLAMANDE. Passion de Jésus-Christ. 13 beaux dessins, petit in-fol. en bistre, rehaussé de blanc.

106 — Paysages à la plume, bistre, crayon et encre de Chine. 9 p.

107 — Plafond, un Saint reçu par Dieu le Père dans une gloire d'anges, lavis, in-fol. Collection de de sir Joshua Reynolds.

108 — Costumes d'homme et de femme à la sanguine.

109 ECOLE FRANÇAISE. Les trois Ordres entourant l'autel de la Bonne Foi. Médaillon, in-4. A l'encre de Chine, rehaussé de blanc.

110 — Allégorie. La France remettant le gouvernail au Président du Parlement. Plume et bistre.

111 ÉCOLE FRANÇAISE. Nègre tenant son enfant et un fusil. Sur le mur, une affiche. Décret qui rend la liberté aux hommes de couleur. Crayon très-terminé, relevé de couleur. In-fol.

112 — Capitaine et six soldats, avec parapluies au bout du fusil, à l'encre de Chine.

113 — Hommes, femmes et enfants emmenant des chariots de fourrage d'une forteresse. Esquisse in-fol. En bistre.

114 — Paysans auprès d'un vieil arbre, où l'on voit les profils de Louis XVI, Marie-Antoinette et le Dauphin, aquarelle. In-fol.

115 — Une vente de Tableaux. Croquis à l'encre de chine.

116 — Portrait d'homme en buste, crayon noir, rehaussé de blanc.

117 — Sacrifice au dieu Pan. On apporte un bouc. Très-beau dessin à la plume et lavé de bistre.

118 — Allégorie pour un plafond. In-fol. à la sanguine. Les Arts, la Renommée, le Temps, etc.

119 ECOLE FRANÇAISE XVIIIe SIÈCLE. Allégorie, l'Hymen et l'Amitié au-dessus desquels planent une douzaine d'amours. Pour le mariage de M. et Mme la comtesse de La Luzerne. Ovale, grand in fol., en bistre, beau dessin.

120 — Femme et ses trois enfants, près d'un aveugle qui joue de la vielle, accompagné d'un enfant. In-4, en ovale, bistre rehaussé de blanc.

121 — Scène de charité, scènes de musique et autres jolis petits dessins d'intérieurs. 7 p.

emme 2,50

pertier 17.

Laperlier 17

[illegible] 10

Derenden 5

122 ECOLE FRANÇAISE. Le Président Molé, au milieu d'une sédition. A l'encre de Chine, grand in-fol.

123 ECOLE DE DAVID. Dieu déchirant le voile du temple. — Réception des Diacres. — Les Pharisiens.

123 *bis* — Alcibiade arraché des bras de la volupté par Socrate. 4 dessins, à la plume, sur papier calque.

124 ECOLE ITALIENNE. Triunfo del Amor. — Triomphe de Vénus. — Triomphe de la Paix et de la Justice. — Triomphe de la Paix et de la Liberté. 4 frises pour bas-relief, à la plume, lavés à l'encre de chine.

124 *bis* — Sujets divers à la sanguine, crayon, et paysage à la plume. 7 p.

125 — Sainte Famille, sanguine; la charité, têtes crayon. 6 dessins.

125 *bis* — Triomphe d'Amphitrite, à la plume et bistre.

126 — Six têtes dans différentes attitudes, petite esquisse à l'huile.

126 *bis* — Petits métiers et costumes italiens. 18 dessins à la plume, in-fol.

127 — Sujets divers, tirés des maîtres vénitiens. Études de figures, etc., la plupart à la plume. 30 p.

128 — Vierges, saints, saintes et autres sujets religieux. 30 dessins, la plupart à la plume.

129 EISEN (Ch.). Sept baigneuses surprises par trois galants. In-4. Mine de plomb et lavé à l'encre de Chine.

130 ERRARD (C.). La Renommée près des Médaillons d'Henri IV, Louis XIII. Les bustes de César et de Louis XVIII enfant, qu'un amour couronne. Beau dessin à la sanguine, petit in-fol. A été gravé pour titre d'ouvrage.

131 ESCHARD (C.). Buste de paysan. Beau dessin à à la plume.

132 FALENS. Halte de cavaliers et fantassins. In-fol. A l'encre de Chine.

133 FARCY (A.). Le Propriétaire. — Le Douanier et la Ribotteuse. — Le Tourlourou, la Nourrice et la Bonne. 3 aquarelles.

133 *bis* Portraits de Représentants, 1848. Legorrec, Côtes-du-Nord. — Desormes, Oise. — Casse, Ariége. — Duplan, Cher. — Girard, Seine-Inférieure. — Huot, Vosges. — Marion, Isère. — Toussaint-Bravard, Puy-de-Dôme. — Tranchard, Ardennes, etc., 11 dessins, pourront être divisés.

134 FERGOLA (Luigi) 1811. Paysage gouache. In-fol.

135 FORTIN, 1808. Bas-relief, la Charité, exécuté à la fontaine de Panicour. — 1831, groupe. — 1832, statue. 3 dessins.

136 FRAGONARD. Tivoli. Fabriques avec un grand escalier, à l'encre de Chine.

137 — Le Feu, plusieurs figures se chauffent dans une grotte, des vieux arbres à gauche, petit in-fol. Beau dessin au bistre.

ercal 10

Sensier 31 Laperlier 103
si original

Meaume 2

Meaume 5

Sensier 15 Meaume 2.

138 — Intérieur de parc, en Italie. Esquisse au bistre, riche composition, petit in-fol.

139 — Le Bayocco, mendiant de Rome. Beau dessin au bistre, petit in-fol.

140 — Jardinière en costume élégant, probablement actrice dans un rôle. Beau dessin bistre, grand in-4.

141 — Jeune femme soigne la soupe, des enfants font manger un âne sur un ancien autel de sacrifice avec bas-relief, un jeune garçon est grimpé sur l'âne, une statue domine toute cette riche composition de huit figures, magnifique dessin au bistre, in-fol.

142 FRANCISQUE. Paysages à la plume, lavés à l'encre. 3 dessins.

143 FREDOU. Jeune fille. — Amours jardiniers. — Amours dansants autour d'un autel carré, etc. 4 dessins, pierre d'Italie, sur papier bleu.

144 FRENZEL (Georges), 1629. Rebecca à mi-corps. A l'encre de Chine.

145 GALLE (Philippe). Jésus et la Samaritaine auprès du puits. A la plume, imitant la gravure.

146 GAMELIN (J.). Il bel dormire lo state. Six figures dormant dans diverses attitudes. Au bistre.

147 — Étude d'après nature. Des enfants font danser un chien, sept figures. — Autre étude, d'après nature. Six figures, 2 dessins au bistre.

148 — 1790. Combat de cavaliers et de fantassins. In-fol. bistre, rehaussé de blanc.

149 — Le Jeu de boules, à la pierre bleue, rehaussé de blanc. Dix figures.

150 GARAUT *fecit.* Jolie femme en costume élégant, jouant de la vielle. Dessin très-fin, crayon noir.

151 GELÉE (Claude Lorrain). Bouquet d'arbre, signé *Clodio.* — Ruine gouache, signé *Claude Lelorain.* 2 p.

152 GEMINIANI. Des maçons construisent un mur. — *Gerardi.* Des amours soutiennent un écu d'armes. 2 dessins à la plume.

153 GENOELS. Paysage à la plume, voir catalogue de Boissieu, 1821, n° 89.

154 GERICAULT. Cerbère dévorant un homme. Croquis à la plume.

155 GILON. Étude du jeune écuyer tenant la tête du cheval, tiré du tableau des Sabines. Dessin au crayon noir et la gravure.

156 GIORDANO (Lucas). Décapitation d'un saint évêque. A la plume et bistre.

157 GIRODET. Portrait d'homme, de face. Crayon noir. — Vénus et l'Amour. Plume, lavé de bistre. 2 dessins.

158 GRAVELOT. Les Adelphes, act. II, sc. 1. — L'Hécyre, sc. dern. 2 charmants petits dessins in-8, à la plume, lavés de bistre.

159 GREUZE. Jeune fille qui pleure, dessin terminé. — Autre jeune fille, croquis à l'encre de Chine. 2 p.

160 — Têtes de viellards, crayon; — de jeunes filles, à la sanguine. 5 p.

161 — Jeune femme assise, expression de l'attention, elle regarde à gauche, beau dessin sanguine.

bousier 30

everwing. 10

ascat 60 X M. D. C. G.

Laperlier 103
J: original

Laperlier 48. Descours 10

Laperlier 36
J: vrai

162 — Amour poussant un rideau. Sanguine.

163 — Deux jeunes filles, les têtes très-terminées, viennent consulter un vieillard, toute la composition est esquissée à l'huile.

164 — Petit enfant tenant sa poupée. — Tête, 2 esquisses à l'encre de Chine, signée *J.-B. Greuze.*

164 *bis* — Têtes d'études, à la sanguine, 15 p., et une à l'estampe, 16 p.

165 GROS. Tête de vieillard, en toque et fourrures. Crayon noir. — Tête d'Arabe, à la plume. 2 p.

166 GUARDI (Antonio). Triomphe d'Amphitrite, croquis au bistre.

167 GUERCHIN. Paysage avec brigands; — autre avec des ruines. Plume, bistre, relevés de couleur. — Berger et son chien, à la plume de roseau. 3 dessins.

168 HILAIRE, 1793 (B.). La Promenade du matin, Dragon se promène avec sa femme et son enfant près d'une rivière, madame monte en bateau, aquarelle d'un bel eflet, in-fol.

168 *bis* — Promenade du soir, le Dragon achète du poisson à un pêcheur, bel effet de soleil couchant, aquarelle in-fol.

169 HIS (Madame), 2 juin 1776. Jeune fille accroupie devant une cheminée, se repose sur son soufflet.

170 HOUBRAKEN. Vénus et des amours préparent un sacrifice de fruits au dieu Pan. Charmant dessin à la sanguine.

171 HOUEL, 1764. Intérieur d'une écurie, au bistre, signé.

172 HOWEN (G[1] de). Champ de bataille de Waterloo. — Porte de Halle, à Bruxelles. — Vues de Spa. — Vue de Namur. — Maison de ville de Louvain. — Ancienne abbaye de Floresse, etc. 30 dessins, au bistre, dont 3 sur trait à l'eau-forte.

173 HUET (J.-B.), 1780. Hangar rustique, crayon et encre de Chine, sur papier azuré, signé.

174 — 1780. Paysanne tenant la main de son enfant qui dort, plume et encre de Chine, sur papier calque, signé.

175 — Cour de ferme. — Fabriques, 2 sanguines.— Cour de ferme, avec puit contre-épreuve, crayon noir. 3 p.

176 — Jeune bergère fouettant l'Amour. Joli dessin à la plume, lavé de bistre, signé.

177 — Charrette et troupeau, en marche dans une foret, au bistre.

178 — Route pour le marché, pâtre et troupeau en marche. Beau dessin, crayon noir et blanc, signé 1770. In-fol.

179 — Grandes études de plantes, crayon noir et blanc. 2 beaux dessins, in-fol., signés 1767-1770.

180 HIPPOLYTE, 1788. Costumes militaires : Deux Tambours. — Tambour et Grenadier. — Garde Suisse et Français. — Dragon à cheval et à pied. 4 aquarelles.

181 JARDIN. Pont très-riche d'ornements, avec monument triomphal au milieu. Superbe dessin à la plume, grand in-fol.

pulton 15

Clclany 60.

Lapertur 4[illegible]
d: vrais et p[illegible]
affactés
Lapertur 40

182 JEAURAT. Étude de femme nue, autre à mi-corps. Beau dessin sanguine.

183 JOLY (A.) Intérieur d'un palais, servant d'arsenal. Architecture grandiose. Superbe gouache, in-fol.

184 — Intérieur d'église, on apperçoit une compagnie de soldats agenouillés; sur le devant, des dames en riches costumes. Superbe gouache d'une grande finesse, in-fol.

185 JORDAENS. Famille de Satyre, le père joue de la flûte, au bistre, in-4.

186 — Cléopâtre. Croquis, crayons noir et rouge.

187 LABELLIÈRE, 1785. Buste de vieillard barbu, sanguine.

188 LAGRENÉ, le jeune. Allégorie. On couronne un buste, au bistre.

189 LALLEMAND. Paysage avec saules, petit pont, belle aquarelle.

190 — Paysages, avec chasseurs au canard.—Autre, avec ville dans le fond, berger, troupeaux, etc. 2 très-belles aquarelles.

191 — Paysages de vaste étendue. 2 belles aquarelles.

192 LANFRANC. Grand nombre d'anges sur des nuages, au bistre.

193 LANTARA. Paysages à la mine de plomb. 2 dessins très-fins.

194 — 1777. Paysages à la pierre d'Italie. 2 dessins.

195 LARUE. La Musique, allégorie. Nymphe, pinçant de la mandoline, entourée de six amourets. belle aquarelle sur vélin, petit in-4.

196 LARUE. Fontaine jaillissante avec douze figures, au bistre.

197 — Sacrifices. — Bacchus et Satyres. 3 petits dessins très-fins, au bistre.

198 — Famille de Satyres. 2 dessins, plume, lavés d'encre.

199 — Frise de très-petits amours en grand nombre. — Bacchanal, Sylène mené à son âne. 2 dessins, plume, lavés.

200 — Couronnement d'un roi de France.

201 — Triomphe de Bacchus. — Triomphe d'Ariadne. 2 charmants dessins, plume et bistre.

202 — Sujet romain. — Sacrifice. 2 dessins à la plume.

203 — Le Printemps, — l'Été, — l'Automne. — Enfants et Amourets font une offrande à une déesse. 4 dessins in-4 à la plume, légèrement lavé de bistre.

204 — Martyre de Saint-André. — Triomphe du corps de Patrocle. 2 dessins à la plume, lavés de bistre.

205 LE BARBIER. La Famille de Noé faisant offrande à Dieu après la sortie de l'arche. Beau dessin à l'encre de Chine, en forme de frise.

206 LE BARBIER (l'aîné). La Foy, — l'Espérance, — la Charité. 3 figures de femmes en pied, in-fol., signés. Crayon noir.

207 — L'Été, — L'Automne, — L'Hiver. 3 fig. de femmes en pied, — Antinoüs, — Bacchus. 5 dessins in-fol. crayon noir, signés.

208 — Élisabeth d'Angleterre, — Sully, — Saint-Nicolas — et autres têtes d'enfants, — jeune Fille, etc. 6 dessins crayon noir. Signés.

209 — La Rêveuse éveillée, jolie tête. — L'Ouïe, — la Vue,—le Goût. 4 dessins grand in-fol. crayon noir, signés.

210 — Andromaque, — Ariane, — Aspasie, — Cybèle, — Iphigénie, — Junon, — Uranie, — Prêtresse d'Apollon. 8 têtes grand in-fol. crayon noir, signés.

211 — Adonis, — L'Amour grec, — Apollon, — Éole, — Hector, — Hippolyte, — Persée, — Prêtre de Jupiter.— Étude du tableau : le Siége de Beauvais. 9 dessins crayons noir, grand in-fol., signés.

212 LE COMTE, 1764. La Confirmation, bas-relief. — Statue brûle-parfums,— Hercule, vainqueur de l'hydre; fontaine publique. — Tombeau. 4 dessins, bistre et encre de Chine.

213 LÉGILLON. Paysages avec ruines. In-4. 2 jolies sanguine.

214 LEMOYNE (Hippolyte), 1770. Intérieur d'un grand temple égyptien. Très-grand in-fol., bistre et encre de Chine.

215 LEMPEREUR. Tête d'ange. Sanguine.

216 LE PAON. Cheval harnaché. Sanguine et crayon noir. Signé.

217 LE PRINCE (X.).Deux volumes in-4 en parchemin vert, contenant un grand nombre de croquis de figures faites d'après nature; études pour servir dans diverses compositions.

218 **LE SUEUR et S. BOURDON.** Charmantes petits dessins, têtes et sujets religieux. 9 p. sanguine et crayon noir. Collection Mariette.

219 **LESUEUR (L.).** Masures au bord de l'eau. Crayon lavé. Signé.

220 **LOMBART** (Lambert). Résurrection de Lazare, à la plume.

221 **LOUTERBOURG.** Marin oriental, à la plume. — Bestiaux près d'une source, au bistre. 2 p.

222 **MACRET.** Jeune enfant dessinant. Joli dessin ovale grand in-4. Sanguine superbe.

222 *bis* — Tête de la dame de charité, d'ap. Greuze. Sanguine in-fol. de la plus grande finesse. Rond.

223 **MALLET, 1804.** Femme pinçant de la guitare, entourée de cinq soldats. Esquisse à l'encre.

224 **MALLET.** Jeune Dame en déshabillé du matin prend sa tasse de thé en causant avec son amie accompagnée de son frère. Joli costume et intérieur Louis XVI, lit, paravent, etc. Belle gouache in-fol.

225 — Jeune Dame essayant une pantoufle que lui présente un cordonnier à genoux, trois figures, jolis costumes, intérieur Louis XVI, lit, commode, fauteuil, etc. Belle gouache in-fol.

226 — 1790. Les Visites aux jeunes mariés, les époux, sur un canapé, Élégante assise, deux jeunes filles debout, un groupe qui sort; charmant intérieur, harpe, musique, costumes d'une élégante simplicité, sept figures, très-belle gouache in-fol.

pillon 5 Duval 4.50

al. 2 50

al 3 50

perlier 7.5 Laval. 400

Whisole 53 Lavot. 40

227 **MASUCI.** Les Péchés foudroyés. Au crayon.

228 MEISSONNIER. Décoration rocaille, à la plume. Superbe dessin.

229 MEULEN (Van der). Seigneur à cheval, à l'encre de Chine.

229 *bis* — Mariage de Louis XIV et Marie-Thérèse. Grand in-fol. à l'encre de Chine.

230 MEYER (Conrad). Paysage rocheux, à la plume.

231 MEYNIER. Les Grâces dansant devant Apollon et autres déités, sur le Parnasse. Plume et bistre.

231 *bis* — Scène mythologique. Crayon noir, grand in-fol.

232 — Scènes de l'histoire ancienne. Crayon noir, 2 dessins.

233 MIGNARD. Têtes d'enfants pour études d'anges, quatre têtes. 2 dessins sanguine et crayon blanc.

234 MINGARDI. Pallas ailée tenant une corne d'abondance. Ovale in-4, pierre d'Italie.

235 MOITTE le peintre, 1788. Dame, costume de l'époque, et son oiseau. Sanguine. In-fol.

236 — La Légèreté punie; elle rattrape son oiseau qui s'envole. Sanguine in-fol.

237 — Costumes élégants de l'époque. 5 dessins charmantes sanguine, collés sur la même monture.

238 — 1780. Têtes de vieillards grandeur naturelle, aux trois crayons, sanguine. — Vieille au crayon noir. 4 dessins.

239 — Études d'après un Christ au tombeau, Costume, Statues. 5 grands dessins crayon noir.

240 MOITTE, sculpteur, 1770. Scène de l'histoire ancienne. Esquisse à l'encre.

241 — 1772. Cavalier cuirassé ; à terre, deux soldats morts. Crayon noir rehaussé de blanc, sur papier bleu.

242 MOLA. Moïse sauvé des eaux. Croquis sanguine, lavée.

243 MOREL. Vues dans le département de l'Isère. *2 planches de zinc* lithographiées.

244 NATOIRE. Esquisses. Enfants, Groupes, 10. Crayons.

245 — Baigneuses. 4 esquisses crayon noir.

246 — Croquis de portraits. 3 dessins crayon noir.

247 — Jeune Femme peintre, et autre. 2 crayons noir, rehaussés de blanc.

248 — Jeune Fille appuyée; tête avec voile. 2 jolis dessins crayon.

249 — Bacchante portant une corbeille de fruits. 8 croquis sanguine.

250 — L'Effroi, la Madeleine pénitente, et autre. 3 beaux dessins sanguine.

251 — Les Évangélistes. 4 angles de voûtes. Bistre rehaussé de blanc.

252 — Croquis pour portraits de femmes, etc. 14 dessins.

253 — Erigone, et autres figures de femmes nues. 4 sanguine et crayon.

254 — Étude de femme vue de dos et autres. 3 dessins sanguine rehaussés de blanc.

255 — Femmes nues assises. 2 sanguines.

256 — Diane et autre femme nue couchée. 2 beaux dessins, sanguine et crayon.

257 NATOIRE (C.), 1746. Junon priant Éole de déchaîner les vents. Crayon lavé, signé.

258 NAUDET. Porte de Ratisbonne. — Vue d'Actemburg et autres. 4 dessins au bistre.

259 NICOLE (V.-J.). Pont antique. — Vue en Italie prise dessous une arche. 2 dessins bistre.

259 *bis* — Vues d'Italie, encre et bistre. 24 dessins.

260 — Le Forum romain. Aquarelle grand in-4, très-fine.

261 — Marine à l'encre. Petit paysage rond à la plume. 4 dessins.

262 — Grosse Tour en ruine, au bistre; Pont, aquarelle. 2 dessins.

263 — Vues à Tivoli, villa d'Este et à la villa Borghèse. 3 aquarelles in-fol. en hauteur.

264 — Temple de la Sibylle, Palazzetto, le Forum. 3 aquarelles in-fol. en travers.

265 — Cartilo de l'Ambassadeur de France, aquarelle. — Obélisque de Saint-Jean de Latran, à la plume. 2 dessins in-fol. en hauteur.

266 — La Guglia della Piazza del Popolo, et autre Obélisque. 2 grandes aquarelles.

267 NORBLIN, 1767. Cavaliers; état-major d'une armée en marche. Au bistre.

268 NOVELLI (P. Ant.). La Famille de Darius. Beau dessin à l'encre de Chine, in-fol.

269 — L'Invention du dessin. — Honneurs divins rendus à Psyché. 2 dessins in-fol. à la plume.

270 OUDART (P.-L.), 1814. Perroquet et deux autres oiseaux sur les branches d'un arbre mort. Aquarelle in-fol.

271 OUDRY. Aigles. 2 études à l'huile sur papier.

272 PANNELS, 1605, à Rome. Tour et ruines, à la plume.

273 PARIZEAU, 1748. Scènes de soldats, un prisonnier. 2 dessins. Petit in-fol. en bistre.

274 PARMESAN. Sainte Famille. — Sainte Madeleine. En bistre. 2 dessins.

275 PARROCEL. Quatre papillons. Aquarelle sur vélin.

276 PARROCEL (C.). Batailles. — Cavalier. — Étude de cavalier. 4 dessins crayon, sanguine, croquis.

277 PARROCEL (J.-F.). L'Ange apparaît à Agar et Ismaël dans le désert. A l'encre de Chine.

278 PASAROTTO. Femme drapée. In-fol. à la plume.

279 PASQUIER (Du). *In Roma*, 1777. Scène de l'histoire ancienne, pierre d'Italie.

280 PERELLE. Siége d'une ville ; marche de cavalerie dans la tranchée. Dessin à la plume de la plus graude finesse. Petit in-fol. sur vélin.

281 PERIGNON. Chaumière près d'une route. Au bistre.

282 PETIT (L.-M.). Jeune Femme à mi-corps. Pastel.

283 — Paysages, Ruines, et Études. 8 dessins au crayon.

284 — Études d'arbres. Crayon, bistre et aquarelle. 7 dessins.

285 — Paysages, aquarelles. 6 p. Sera divisé.

286 PEYRE. Façade de l'hôtel de Condé. Grand in-fol. à l'encre de Chine.

287 PHILIPON (Ch.). Brouille et réconciliation. 2 aquarelles, scènes de mœurs.

288 — Amours de la rue Saint-Denis, — Amours du Marais. 2 aquarelles, scènes de mœurs.

289 — Spéculateurs sur la bêtise publique : Loterie ambulante. — Les Prospectus. — Escamoteur. — Montreur de phénomènes. 4 aquarelles.

290 PIETRE (Henri), architecte, 1788. Tour pour fanal, de quatre étages ornés de colonnes. Grand in-fol. à l'encre de Chine, signé.

291 PILLEMENT? Acrobates chinois, à la plume, lavés. 2 dessins.

292 POCHOU (H.). Costumes d'hommes, de femmes, militaires, juges, etc., croquis divers. 12 aquarelles.

293 POITEL DU PORTAIL. Pierre Huet, d'après nature, en pied, âgé de 119 ans. Petit in-fol., en bistre.

294 PORDENONE (L.-Ant.). Frise, triomphe, composé de vingt-et-un enfants, au bistre. 1 mètre 15 centimètres de long.

295 **Portraits.** Petit Portrait de femme. — Groupe de deux amants à mi-corps, 2 mines de plomb. — Jeune fille lisant, crayons noir. 3 dessins in-8.

296 — *Calia di D. Camillo Borghèse*, 1778, etc., in-4. Charmant Portrait de femme, crayons rouge et noir.

297 — Deux Portraits de femme et deux d'homme. 4 dessins in-8, crayon rouge et noir.

298 — Tête de femme regardant en l'air. — Buste de magistrat en robe rouge. 2 dessins in-8, crayons rouge et noir.

299 — Profil de femme très-terminé. — Tête d'homme. 2 dessins aux trois crayons.

300 — Charmants portraits de femmes en jolis costumes. 3 dessins pierre d'Italie. Gr. in-4.

301 — Femme respirant un œillet, peut-être *Mme Dubarry*. In-fol. aux trois crayons.

302 — Portraits et têtes. Sanguine et crayon, 33 dessins.

303 POUSSIN (Nicolas). Paysage étendu, lavé à l'encre.

304 PRÉVOST (J.-L.), 1804. Fleurs et bouquets, aux crayons noir et de couleur. — Étude à l'huile, 10 p.

305 — Fleurs et bouquets. 12 aquarelles.

306 PROTAIS. Plafond par moitié et par quart pour dôme d'église ou de synagogue. Grand in-fol. à l'encre de Chine.

307 PRUDHON. Étude d'après Michel-Ange. Crayons noir et blanc.

308 RAPHAEL (d'après). Dieu créant le monde, à l'encre ; Sainte Famille, sanguine; Vierge à la chaise et au voile, crayon noir. En tout 7 p.

[illegible] 13.

[illegible] 10

[illegible] 20

309 REMBRANDT. Abraham et son fils et autres croquis à la plume, collection de sir Joshua Reynolds. 2 p.

310 — Tête de Persan. — Oriental. 2 dessins à la plume. Collection de sir J. Reynolds.

311 — Agar renvoyée par Abraham, croquis à la plume. In-4. Col. de sir J. Reynolds.

312 RIOLLET (Marie). Chute d'eau entre des rochers. Paysage agreste à la sanguine.

313 ROBERT (Hubert). Laveuses près des mines d'un temple. Aquarelle.

314 — Le Troupeau près de la fontaine. Grand et beau dessin à l'encre de Chine.

315 — Le Puits. — L'Escalier. 2 dessins sanguine.

316 — Paysages, ruines, etc. 4 sanguines.

317 — Grands Paysages avec ruines. 2 très-belles aquarelles.

318 ROLANDSON. Chasse au cerf. Aquarelle.

319 ROMAIN (Jules). Tête. — Combat d'animaux. — Études au bistre. 3 dessins.

320 — Beau vase. A la plume et bistre. In-fol.

321 ROSA (Salvator). Paysages au crayon. 2 dessins.

322 RUBENS. Joseph et Marie demandant à loger. Croquis à la plume.

323 — (D'après). Adoration des bergers. — Assomption de la Vierge. 2 grands dessins à l'encre. — Suzanne. A la plume sur papier calque. 3 p.

324 SABLET. Paysages. — Études de ciels, etc. 4 dessins.

325 **SAINT-AUBIN** (Germain de). Jardin des Tuileries vu près du grand bassin. Aquarelle. — Augure devant une armée romaine. Aquarelle.

326 **SALEMBIER.** Panneaux d'arabesques pour décoration avec cheminées. 2 beaux dessins d'ornements. Aquarelles.

327 **SARAZIN.** Église avec ruines. A l'encre.

328 **SASSO FERRATO.** Homme couché. Pierre d'Italie.

329 **SAWERVIED.** Baskir à cheval. Très-belle aquarelle.

330 **SCHMUZER**, 1776. Paysage avec chute d'eau. Au bistre.

331 **SWEBACH.** Chasseurs à cheval près d'une auberge, voiture traversant la rivière. Beau dessin in-fol. à l'encre.

332 **TAILLASSON.** Sainte agenouillée. Pierre d'Italie.

333 **TEMPESTE.** Cheval. A la plume.

334 **TESTE.** Scène de l'ancien temps. Aquarelle sur vélin.

335 **T** (J.), 1798. Un Coin d'une revue de troupes. A l'encre.

336 — 1779. Vue de Paris: la Seine devant l'École-Militaire. Beau dessin à l'encre.

337 **THOMAS.** Paysages à la plume, Vue d'Italie, Tivoli, sanguine et autre aquarelle. 7 dessins.

338 **THOMASSIN.** Les trois Horaces vus de dos. Bistre.

al 170. Sensier 14

Janvier 12

Janvier 14

Décembre 10

339 TIEPOLO. Suzanne et autres dessins. A la plume et lavis. 8 p.

340 TRINQUESSE. Portrait d'homme. Sanguine, signée 16 décembre 1797. — Rond, grand in-4. Sanguine.

341 TURC (1828). Grand paysage. Aquarelle.

342 TURCATTI (Adolphe). Gros volume contenant environ 200 dessins : Vues de France et autres. A la plume et au crayon.

343 — Album de 175 dessins d'animaux divers.

344 — Album de 125 dessins de sujets avec des animaux. A la plume, crayon, aquarelle, etc.

345 VALLAYER-COSTER 1808 (Mme). Roses. 4 dessins au crayon.

346 VAN CLEEN PUTEN. Marines hollandaises. 2 belles aquarelles.

347 VANDERMEER. Paysage avec rivière. Pierre d'Italie.

348 VANSPAENDONCK. Vase de fleurs, d'après Van Huysum. Esquisse aquarelle.

349 — 1789. Lézard. A la plume, très-fini.

350 WATTEAU (d'ap.). Études de quatre têtes de femmes. — Études de figures, costumes. A la sanguine. 7 dessins.

351 WATELET, 1759. Moulin à eau. A l'encre de Chine.

352 WEIROTTER. Vue d'une ville avec églises et autres monuments. A l'encre de Chine.

353 VELANI. Enfant. A la sanguine.

354 VELDE (Van). Croquis d'un vaisseau. Sanguine.

355 VERDIER. Fuite en Égypte, Jésus guérissant, Assomption de la Vierge et autres. 6 dessins crayon et lavés.

356 — Martyre de saint Laurent, d'une sainte et autres, 4 dessins sanguine.

357 VERDUSSEN. Trois chevaux attelés. Petit croquis. Pierre d'Italie.

358 VIGLIANIS. Paysages, aquarelles. 2 p.

359 WILLE fils. Tête de jeune fille. A la sanguine.

360 — 1777. Jeune paysanne à mi-corps. Sanguine.

361 — Scène de l'histoire ancienne. Belle sanguine.

362 — 1803. Le Peuple montrant au doigt Diogène. Beau dessin à la plume.

363 VINSAC, 1806. George Fred. A. prince de Galles. Grand in-8, crayon noir. — Michel-Ange. 2 dessins.

363 *bis* — Portraits de peintres. Petit in-8, 25 dessins crayon noir.

364 VIOLETTE (R.), 1831. Tronc d'arbres, Aquarelle. 2 dessins.

365 WITHOOS (P.). Oiseaux, aquarelles. 4 p.

366 VIREBENT. Figure allégorique. Charmant dessin à l'encre. In-12.

367 XAVERI. Trois Moutons au repos. A l'encre de Chine.

368 ZAIS. Paysages et autres. 6 dessins.

369 ZEEMAN. Marine, vaisseau en panne. A l'encre de Chine.

370 ZUCCARO. Portrait de Pape. Crayons noir et rouge, de la collection Mariette.

[illegible]
…rtier 33. [illegible]
… 5 …

371 — Combat de centaure, cavaliers et fantassins. Plume et bistre, frise. 5.50

372 Volume in-4 de 50 feuilles environ de papier bleu sur lesquelles nombre de croquis crayons noir et blanc et une gouache, jolis sujets d'enfants, jeunes filles, sujets maternels, etc., genre de Greuze, Prudhon, etc., avec environ 30 dessins indépendants du volume. 17

373 Deux albums, croquis de costumes du moyen âge et autres, militaires, etc., relevés de couleur, etc. 14

374 Environ 100 croquis, dessins, Vues de Montmirail, Montmorency, Rambouillet, Verrières, etc., dans une couverture d'album. 20

375 Petit portefeuille contenant 100 dessins, croquis anciens et modernes. 38

376 **Aquarelles.** Intérieur de parc et autres, paysages avec ruines dans le goût de Fragonard. 3 dessins. 6.50

377 — Portique, ruine superbe avec laveuses, In-4. Charmant dessin. 20

378 — Paysage étendu, chaumières, pont, bestiaux. Grand in-4. 10.50

379 — Le Pont du Diable. — Rivière entre les rochers. 2 vues in-fol. 2.50

380 — Paysages, Vues d'Italie, Monuments et 50 dessins. 15

381 — Petits Paysages, Vues de ruines. 22 dessins collés par 4 sur 8 feuilles. 2.50

382 — Rivière serpentant dans un bois, bestiaux, pêcheur. — Paysage étendu, champ de blé, village, etc. 2 superbes aquarelles.

383 — Paysages rustiques, 2 au bord de la mer, et 2 chaumières, auberge, etc., 4 charmantes aquarelles.

384 **Eventails.** Sujets mythologiques, intérieurs flamands et autres, collés à plat. 4 gouaches.

385 **Gouache.** Moulin à eau, avec laveuse, ovale in-4.

386 — Cour de ferme, effet de soleil.

387 — Vue d'Italie, on retire des noyés.

388 — Vues de parcs, paysages et sujets, 2 vues de mer au pastel. 12 dessins.

389 — Jésus prêchant, jolie composition d'un bel effet, petit in-4.

390 — Beau et grand paysage avec chute d'eau dans des rochers.

391 **Pastels.** Jeune fille en buste, in-fol.

392 — Amour voltigeant.

393 — Études académiques, têtes, etc., 11 dessins.

394 **Divers.** Croquis, études, d'après les maîtres, d'après l'antique. 130 dessins à la plume; sera divisé.

395 — Paysages et vues. 50 dessins à la plume.

396 — Sujets religieux, d'après Raphaël et autres, à la plume et au crayon. 35 dessins.

397 — Baigneuses, sujet mythologiques et gracieux. 35 dessins au crayon.

398 — Petites académies de femmes et d' hommes, au crayon. 28 dessins.

entre 30 et 40
en état.

nuvenge 10

. C. 8.

. C. 4.

M.S.C. 5

M.S.C. 3

M.S.C. 3

M.S.C. 4

399 — Petits groupes de figures et d'animaux. Fragments de paysages au crayon, très-bons pour les paysagistes. 24 dessins contenant plusieurs motifs collés sur 8 cartons.

400 — Paysages, vues d'Italie, études d'arbres. 94 dessins, crayon noir et mine de plomb.

401 — Têtes, études, compositions diverses. 66 dessins au crayon.

402 — Sujets religieux divers. 21 dessins sanguine.

403 — Angles de plafonds avec attributs religieux, guerriers et autres sujets d'enfants, 8 sanguines.

404 — Paysages à la sanguine. 22 dessins.

405 — Sujets mythologiques et autres à la sanguine. 90 dessins.

406 — Les Grâces, têtes, sujets divers. 40 dessins à la sanguine.

407 — Sujets religieux à l'encre de Chine. 34 p.

408 — Compositions diverses, croquis, etc, 50. à l'encre de Chine.

409 — Sujets de l'histoire ancienne et mythologiques à l'encre de Chine. 40 dessins.

410 — Paysages, ruines, études d'arbres à l'encre de Chine, différentes grandeurs. 112 dessins.

411 — Sujets religieux, Saintes-Familles et autres. 30 dessins au bistre.

412 — Vues de France et Italie au bistre. 38 dessins.

413 — Intérieur d'un port de mer, vaisseau en radoub, etc., au bistre très-fin.

414 — Petits sujets divers, croquis, histoire ancienne etc. 36 dessins bistre.

415 — Sujets mythologiques, allégoriques, croquis, statues, compositions de l'histoire ancienne, 100 dessins au bistre.

416 — Les Saisons, 4. Bas-reliefs, allégories représentés par une femme et des enfants, au bistre.

417 — Paysages, composés de ruines, etc., d'une très-belle exécution. 12 dessins au bistre et un à l'encre. 13 p. en travers.

418 — Petits paysages en rond et en ovales, et autres in-fol. en hauteur. 80 dessins au bistre.

419 — Paysages, vues d'Italie et autres. 80 dessins bistre et sépia, en travers.

420 — Paysages divers, vues, etc., aquarelles, encre de Chine et mine de plomb. 40 p.

421 **Architecture.** Vue d'un château avec jardins entourés de murs, très-grand in-fol., aquarelle.

422 — Projet d'une rue avec temple au fond, vu de dessous une arche, costumes et voitures du XVIIIe siècle, aquarelle très-grand in-fol.

423 — Intérieur d'un port, costumes XVIIIe siècle, aquarelle très-grand in-fol.

424 — Escalier intérieur de palais de la plus grande magnificence, très-grand in-fol. à l'encre de Chine.

425 — Achitecture, monuments, bas-relief, etc. 26 dessins.

426 — Intérieurs, cloîtres, palais, fontaines, etc. 16 dessins la plupart en bistre.

427 — Vues de monuments, colonnes. 6 grands dessins en hauteur, à l'encre de Chine.

428 — Arabesques, trophées, décorations, 8 dessins.

erlier 22

429 — Vases riches, à l'encre de Chine. 15 dessins.

430 — Ornements, armures, écussons, meubles, plafonds, encadrements de glaces, trumeaux et détails de décorations. Plus de 70 dessins.

431 — Caricatures, têtes grotesques, etc. 20 dessins.

432 — Costumes, aquarelles, crayon, etc. 42 dessins.

433 — Cavaliers et chevaux pour un traité d'équitation, à l'encre de Chine; 16 chevaux sur 4 feuilles, batailles au bistre, 2 chevaux au repos à l'aquarelle, en tout 7. p.

434 — Animaux, bestiaux d'après les maîtres Berghem, Huet et autres. 58 dessins.

435 — Marines, vaisseaux, barques, etc. 33 dessins,

436 — Pastorales et autres, d'après Watteau et bergers d'après Berghem. 40 dessins.

437 — Sujets d'amours et d'enfants jouant, têtes, etc. 70 dessins.

438 — Sujets maternels, et vieillards et enfants, 25 dessins.

439 — Sujets historiques anciens et modernes. 22 dessins.

440 — Vues de Paris, Rambouillet, Verrières et autres vues de France. 26 dessins, bistre, encre de Chine, etc.

441 — Dessins de divers genres et sujets, croquis, etc. 72 p. 2 lots.

442 **Etudes.** Mains, pieds, têtes d'après la bosse et de fantaisie. 50 dessins au crayon.

443 — Têtes gracieuses au crayon. 19 dessins.

444 — Académies de femmes. 9 dessins crayon noir in-fol.

445 — Académies d'hommes. 44 dessins crayon noir.

446 — Têtes, académies de femmes et d'hommes, figures drapées et autres. 79 dessins à la sanguine.

447 — Têtes de femmes, vieillards, figures, etc. 10 grands dessins crayons de couleur.

448 — Têtes d'enfants, de jeunes filles, de vieillards, etc 18 dessins crayon de couleur.

449 — Paysages et autres, grand in-fol. à la plume, au crayon, à l'encre de Chine, aquarelles. 14 dessins.

450 **Dessins**. Sur papier calque. 100 p.

ESTAMPES

451 **Boucher** (D'ap.). Vénus et l'Amour. — Vénus et son pigeon. 2 fac-similé aux trois crayons.

452 **Callot**. Le Jeu de boules et 20 emblêmes. 21 p.

453 Costumes d'hommes et de femmes ensemble; très-petits, 5 p. à deux sujets et autre. 6 p.

454 **Janinet** d'après *Houel*. Voyageurs prêts d'entrer par la porte d'une ville, au bistre.

455 **Jazet**. Jour de loyer, Collin maillard, l'Aveugle, les Politiques, le Doigt coupé, 5 p. d'ap. *Wilkie*, toute marge.

. C. 3.

C. L.

mes 12.

. C. 3

mes 6.

Verneuil 1[illegible]

Wirme, 6

[illegible] 15 [illegible]

Verneuil 3

Verneuil 2

M. S. C. 6

M. d. C. 6

456 **Jehotte.** Garde d'honneur pour le sacre. — L'Amour et Psyché avant la lettre. — Vierge à la chaise par un anonyme. 3 p.

457 **Lithographies** de Boilly, Charlet, Grenier et autres. 30 p.

458 **Ortelli** (Ab.). Deorum Dearumque capita : portraits des dieux et déesses dans de beaux entourages ornés de figures. *Anvers*, 1573 ; petit vol. de 55 p. broché en parchemin.

459 **Pièces en couleur.** Sujets, paysages, vues, paturages, etc. 30 p.

460 — A la sanguine. Étude d'un bien heureux (Louis XVI), grandeur naturelle, et autres. 8 p.

461 **Rembrandt.** Eaux-fortes. 12 p. par et d'après.

462 **Rowlandson.** Return from the races. — La course, 2 pièces coloriées.

463 **Saint Non** etc. Sujets et paysages d'après *Fragonard* et *Robert*. 7 p.

464 **Stella.** Jeux d'enfants 11 p.

465 **Tempeste.** Métamorphoses d'Ovide. 149 p. album broché en parchemin. Manque n° 35.

466 **Venius** (Otto). Emblèmes d'amour. *Anvers*, 1608 ; album broché en parchemin, une feuille déchirée.

467 **École italienne.** Camaïeux, fac-similé, Tiepolo et autres. 25 p.

468 **École française XVIIIe.** La Sagesse protégeant un roi qui donne des récompenses, dessins à l'encre de Chine et la gravure à l'eau-forte 2 p.

469 — Sujets divers et portraits. 30 p.

470 Sujets divers anciens et modernes. 24 p.

471 **École flamande** et autres, Ruysdaël, etc. 30 p.

472 **Vignettes** et petits sujets. 27 p.

473 Château de Neuilly, domaine privé du roi, 1836 et château de Villiers, vues coloriées et plans. 24, et texte vol. in-4, dem.-rel. v. vert.

474 **Moderne.** Lithographies et caricature de Grandville, vues et sujets. 45 p. 2 lots.

475 Volume in-fol. de papier bleu.

476 Les portefeuilles de la collection.

Ves Renou, Maulde et Cock, imprs de la Cie des Commissaires Priseurs, rue de Rivoli, 144. 42882

Wiener 6.

rlier 17.

24 Etranger		3 95		4478 50
300 France et Paris nouveau à 10c		30 ..		
61 distribution		3 ..		
3 Montages à filet d'or.	1.50	36 95		
× 40 feuilles à 25	10.			
1.107 1/2 f.lles à 15	16.05			
— 14 1/4. à 10	1.40	28 95		
10 Mains chemises		15		
Honoraires 10 %		447 85	528 75	
Affiches et afficheur			46 60	
Moniteur des ventes insertion			16 80	
Déclaration de vente			2 20	
Timbre du procès verbal			7 20	
Enregistrement			116 75	
Versement en bourse commune			141 30	
Honoraires de Mc Delbergue			141 30	
Clerc et crieur			24	
Location de la salle			62 20	
Transport à l'hotel et commissionnaire			16 10	
Catalogue 500.			201 50	
Gratification pour sup. de travail			21 ..	
			1325 70	
deduire les 5 % des acquereurs			223 95	1101 75
				3376 75

www.ingramcontent.com/pod-product-compliance
Ingram Content Group UK Ltd.
Pitfield, Milton Keynes, MK11 3LW, UK
UKHW020940180726
13838UKWH00003B/1049